DOCUMENTS RELATIFS

A LA

PRÉFECTURE APOSTOLIQUE

DU CONGO

PARIS
E. DE SOYE ET FILS, IMPRIMEURS
5, PLACE DU PANTHÉON, 5

1881

DOCUMENTS RELATIFS

A LA

PRÉFECTURE APOSTOLIQUE

DU CONGO

PARIS. — E. DE SOYE ET FILS, IMPRIMEURS, 5, PLACE DU PANTHÉON.

DOCUMENTS RELATIFS

A LA

PRÉFECTURE APOSTOLIQUE

DU CONGO

PARIS

E. DE SOYE ET FILS, IMPRIMEURS

5, PLACE DU PANTHÉON, 5

1881

CLEMENS PAPA XI

Charissimo in Christo filio nostro Joanni, Portugalliæ et Algarbiorum regi illustri.

Charissime in Christo fili noster, salutem et apostolicam benedictionem [1].

Gravi cum animi nostri mœrore nuper accepimus dilectos filios religiosos viros ordinis fratrum minorum Sancti Francisci, capuccinorum nuncupatorum, professores, quibus missio apostolica in regno Congi assignata est, inde abire coactos fuisse machinatione et dolo cujusdam Stephani Botteglio, presbyteri sæcularis, qui abutens facultate ei interdum ab eisdem missionariis minus caute tributa, administrandi sacramenta baptismi et matrimonii, eo audaciæ postmodum progressus fuit, ut se vicarium generalem et magnum regis consiliarium palam evulgare, atque multiplices jurisdictionis actus ibidem exercere non dubitaverit. Ad hæc, juncto sibi quodam alio presbytero sæculari, qui illuc mense septembri anno 1717 appulisse fertur, visitatoris titulum falso usurpavit, eaque acerbitate præfatos missionarios insectatus est, ut ipsis existimationem et fidem apud credulam illam gentem penitus abrogaverit, eosque tandem ab illis partibus alio demigrare compulerit.

Hæc porro quantam bonis omnibus offensionem, et quam grave orthodoxæ religionis rationibus animarumque saluti detrimentum attulerint, singulari majestatis tuæ prudentiæ satis perspectum erit.

Cupientes igitur pro pastoralis officii nostri ejusmodi malis et scandalis congruum remedium adhibere, ab eximia pietate tua majorem in modum petimus, ut tuis in ea regione administris districte præcipias, ne memoratos presbyteros aut quemcumque alium sacerdotem sæcularem, qui missionarii munus in eo regno obire præsumeret, ibidem consistere patiantur, sed eos incunctanter ejiciant, ac omnino ab illis partibus discedere compellant : illuc autem revocent quamprimum antedictos regulares capuccinos, ad quos illa missio pertinet, quique diu et magno cum animarum lucro in ea laborarunt : ac demum ipsis, ne in posterum a quoquam in apostolico illis injuncto ministerio perturbari possint, omni ope ac studio tueantur. Quod ab egregio et plurimis aliis præclaris documentis tes-

[1] *Clem. undec. epistolæ et brevia selectiora*, tomus II, pagina 703.

tato zelo tuo nobis omnino pollicentes, apostolicam benedictionem majestati tuæ amantissime impertimur.

Datum Romæ apud Sanctam Mariam Majorem, etc., die vigesima octava martii 1719, pontificatus nostri anno XIX (28 de março de 1719).

CLEMENS PAPA XI

Dilecto filio nostro Nuno S. R. E. presbytero, cardinali de Cunha et Attayde [1].

Dilecte fili noster, salutem et apostolicam benedictionem.

Plurimum cordi nobis est, ut religiosi viri ex ordine fratrum minorum Sancti Francisci, capuccinorum nuncupatorum, qui dolo et fraude quorumdam presbyterorum sæcularium ex apostolica missione regni Congi nuperrime deturbati fuerunt, pristinum in statum restituantur.

Hunc igitur in scopum scriptis hodierna die ad charissimum in Christo filium nostrum Joannem, Portugalliæ et Algarbiorum regem illustrem, aliis nostris in simili forma brevis litteris ab eo diligenter flagitamus, ut memoratos intrusos presbyteros sæculares ejici mandet, et apostolicos missionarios capuccinos restitui curet quamprimum, suoque regio patrocinio caveat, ne de cetero a præfatis vel aliis presbyteris sæcularibus in ea statione amplius perturbentur. Minime profecto dubitamus, quin rex ipse, pro eximia pietate et æquitate sua, postulatis nostris obsecundaturus libenter sit.

Nihilominus prætermodum solliciti, ut necessaria mandata regia illuc primo quoque tempore expediantur, cupimus ea tuis officiis sedulo promoveri; satis enim constat catholicæ religionis rationes in illis partibus pessum ituras esse, nisi hujusmodi seductorum audacia cito et fortiter coerceatur, ac apostolici missionarii in ea, qua diu nec sine magno animarum fructu divinique cultus incremento potiti sunt, tranquillitate conserventur. Id itaque a perspecto zelo tuo etiam atque etiam postulamus, et apostolicam benedictionem tibi, dilecte fili noster, peramanter impertimur.

Datum Romæ, etc., die 28 martii 1719, pontificatus nostri anno XIX (28 de março de 1719).

[1] *Clementis undecimi pont. max. epistolæ et brevia selectiora,* tomus II, pagina 704.

RESCRIPTUM

Ad Emum ponentem,
pro instructione mittenda missionariis, ab iis que observanda, ac insuper intimanda Patri procuratori Generali Ordinis.

ISTRUZIONE PER LI PP. CAPPUCCINI, MISSIONARI DEL CONGO E ANGOLA[1]

14 jan. 1726.

1° Essendo i PP. Cappuccini Missionarj tenuti mostrare le patente della S. Congregazione alli vescovi per ottenere il lor consenso prima di cominciare l'esercizio della missione in rigore del decreto della S. Congregazione li XI Maggio 1637, quando essi vescovi pretendessero d'esaminarli prima che amministrino sagramenti, per non esservi in esse patenti le parole « examinatus et approbatus », rispondino a detti vescovi, che l'essere stati approvati per missionarj importa lo stesso che l'essere stati approvati per l'amministrazione de'sagramenti, giacché l'uffizio di missionario, per il quale sono stàti approvati, consiste appunto nel predicare e nell' amministrare i Sagramenti. E nello stesso modo si conterranno i prefetti nel dare poi questa risposta, ed in ogn'altra occasione, si gl'uni, come gl'altri, osservino quella proprietà, umiltà e rispetto, che conviene a religiosi, ed a ministri del Santo Vangelo, e che si deve alli vescovi, facendo loro conoscere con le parole, e con i fatti, che essi sono stati mandati colà dalla santa Sede, non per disturbare la loro giurisdizione, ma bensi per aiutarli, e cooperar seco alla salute delle anime.

2° Se poi ciò non ostante i vescovi ripugnassero di dare il loro consenso, non perciò devono nè i missionarj, nè i prefetti, prorompere in minaccie, di voler ricorrere alla Santa Sede, di riconoscere sol questa per superiore, di non essere tenuti a dipendere da'vescovi, che il consenso chiesto, ed ingiùstamente negato, si ha per ottenuto, e cose simili, e molto meno di voler procedere contr'essi vescovi; ma bensi discorsa, e ben considerata la materia fra di loro, per esaminare con quella prudenza, e destrezza ch'è necessaria, il prefetto o altro loro superiore regolare ivi esistente ne parli al vescovo, e procuri di capacitarlo, e successivamente i missionarj si regoleranno secondo che detto prefetto, o altro superiore regolare loro prudentamente ordi-

[1] Voir la traduction de cette pièce à la fin, p. 401.

nerà; e quando poi i vescovi persistessero nella loro ripugnanza senza giusta causa, i Missionarj potranno in tal caso, esercitare le loro facoltà, e darne conto alla sagra Congregazione, giustificando alla medesima di aver fatto col vescovo tutte le parti imposte loro di sopra.

3° Avvertino essi missionari non esser loro lecito, nè aver facoltà, di concedere dispense matrimoniali, nè di assolvere dalle censure in foro esterno nei luoghi, ove sono i vescovi, et dove s'estendono le diocesi e giurisdizione de' medesimi.

4° Assolvendo essi missionari nel foro interno taluno degl'incorsi nelle censure riservate alla Santa Sede, e dichiarati incorse dai vescovi per publica sentenza, o in altro modo giudicialmente, sono tenuti d'avvertire gl'assoluti che, fina tanto non saranno stati assoluti nel foro esterno dal vescovo, devono reputarsi e contenersi, come se non fossero stati in alcun modo assoluti, e però non esser lecito ai medesimi di conversare, intervenire nella chiesa, ricever i sagramenti etc.

5° Nè pure è lecito ai missionari di assolvere in foro interno ad ogni semplice richiesta delli scommunicati, mà solamente nell'attuale sagramentale confessione de' peccati, e purchè vi concorrino le debite disposizionie specialmente, di soddisfare la parte offesa, di esser pronti ad ubbidire, e di ricorrere al vescovo per l'assoluzione in foro esterno subitò che possino.

6° Avendo la Sagra Congregazione risoluto li 6 di maggio 1638 — *non posse missionarios in regno congi munia missionum exercere ad quinque leucas intra iurisdictionem parochorum absque eorum expressa licentia;* devono perciò esattamente osservare detto Decreto con astenersi dagl'atti parocchiali, specialmente dall'assistere alli matrimonĩ senza licenza de'parochi : ma solo possino amministrare i sagramenti della penitenza e del battesimo in caso di necessità, mà non solennemente.

Che sè poi i vescovi permetteranno. lor di poter esercitare gl'atti parocchiali, anche in distanza dalle parrochie per sole tre leghe, vedendo, che i parochi in maggior distanza non ponno supplire al bisogno dell'anime, potranno farlo.

7° Mandando il vescovo qualche prete, o venendo questo da se, o pure fingendo d'essertato mandato dal vescovo, per amministrare i sagramenti nel luogho, o luoghi, ove essi Missionari hanno chiesa, ed esercitano la cura dell'anime, questi amorevolmente e con quella carità che è necessaria, e che è il carattere del loro ministero, esortino detti preti a partirsene, particolarmente quando non siano morigerati, o pur quando essendo tali, non sia loro utile o necessario l'aiuto di essi; ed in caso, che questi non volessero partire, senza venire in contesa co' medesimi, ne diano avviso al loro prefetto, affinchè ne parli al vescovo, e l'induca a richiamarli, e da sospender loro la facoltà, che gl'avesse data, confargli conoscere il pregiudizio che viene al servizio di Dio et dell'anime da una tal confusione, e dall'incapacità, o scostumatezza de'preti, ed inoltre non esser giusto che i missionari siano spogliati della propria chieza senza giusta causa, nè che altri entrino a disturbare la cura dell'anime, delle quali essi devono rendere conto al Signor Iddio.

8° All'incontro poi, sè il popolo fosse troppo numeroso, ò il paese, dove dimorano i missionari, fosse troppo vasto, nè essi fossero veramente sufficienti per amministrare i sagramenti a tante anime, in tal caso richiedino maggior numero di missionari, e tanto quanto potrà bastare, e per impedire, che i vescovi non permettino a' preti, giacchè per lo più sono ignoranti, o discoli, di frastornare quella missione, procurino i missionari, e molto più i prefetti, di captivarsi i vescovi medesimi, e di caminare d'accordo con essi.

9° I missionarii non ponno impedire, che i vescovi mandino i preti per amministrare i Sagramenti in quelle chiese, le quali fossero state abbandonate en derelitte dagli missionari, pro qualunque causa. Avvertino però i missionari di non abbandonarle senza precisa et indispensabile necessità.

10° Benchè poi i vescovi pretendino che le loro diocesi si extendino a tutti i paesi, che si conquistano, non per questo i missionarii che si trovassero colà gia introdotti, o che dopo vi passassero ad esercitare il loro ministero, saranno tenuti ad altro che a quello si è detto di sopra, nei capitoli precedenti, e specialmente nei capitoli 2 et 6; mà però come pure si è detto, quando fosse fatta lor'opposizione dai vescovi, procurino senza intrare in contesa di giurisdizione, e senza minaccie, con modestia e con il motivo del bisogno dell'anime, e della propagazione della S. Fede, et d'altri simili, di captivarsi i medesimi vescovi, e di fare che cessino da tali opposizioni, rimostrando loro che essi missionarii cooperano, e non pregiudicano all'adempimento del grand'obbligo de'stessi vescovi, i quali dovrebbero desiderare il loro aiuto, per la scarsezza che hanno di preti idonei e morigerati, senza lasciare d'esercitare il loro ministero, e con awisare nel tempo stesso la sagra Congreg., mà senza farne frattanza fra di loro, ne con altri, e senza far nascere impegni e contrasti di giurisdizione, che non sono di profitto veruno, ma di molto danno.

Roma dal palazzo della Sag. Cong. de propag. fide, 14 gen. 1726.

Extrait d'une lettre de M. Fénis, supérieur du Séminaire de Nantes, à M. l'abbé de l'Isle-Dieu, au sujet de M. Belgarde et de sa mission.

23 juin 1768.

L'idée que vous avez eue, Monsieur, d'unir à quelques communautés la mission du Loango, en cas qu'elle se soutienne, je l'ai eue aussi, et je la communiquai à M. Bellegarde, avant qu'il partît d'ici. Je pense que MM. les missionnaires des Missions étrangères ne refuseraient pas de se charger de cette entreprise, si elle réussissait. Ils s'en sont d'abord montrés éloignés, mais c'est qu'ils ont voulu voir quel tour prendraient les choses.

Extrait d'une lettre de MM. Joly et Descourvières, Missionnaires au Loango, où ils exposent le besoin extrême de prêtres dans lequel se trouve la mission du Congo.

Banze-Malimbe, 1er juillet 1769.

Nous avons appris avec chagrin que les peuples du Congo propre, ou du moins ceux du royaume de Sogno, qui sont de l'autre côté du Zaïre, dont le plus grand nombre a fait profession du christianisme, manquent absolument de prêtres, depuis que le Portugal a rappelé tous les Jésuites qu'il avait dans tous les pays étrangers. Plusieurs nous ont assuré que le roi de Sogno, ayant appris que nous étions ici, nous aurait envoyé chercher, s'il n'avait craint que les gens qu'il enverrait pour cela ne fussent arrêtés en chemin et maltraités ou faits captifs, d'autant plus qu'on nous regarde comme appartenant en quelque manière au roi d'ici ; il est du moins certain que le roi dudit lieu et ses peuples désirent beaucoup des prêtres. Si nous ne faisons pas de progrès parmi nos nègres, nous pourrons bien y aller, et nous dépendrons des évêques de ces pays-là. Il y a un siège épiscopal à Saint-Paul de Loanda, qui est situé environ à 50 lieues du pays dont nous parlons. Nous avons passé en vue de cette ville-là, et on nous assure que l'évêque qui y réside ordinairement en était absent. Le besoin de ces peuples est extrême ; ils paraissent et sont réellement mal instruits ; ils font des signes de croix, ils disent l'*Ave Maria* et d'autres prières en leur langue, mais ils ignorent le *Pater* et les principaux articles du catéchisme. Nous souhaiterions avoir une grammaire de cette langue, qui n'est pas la même que celle d'ici. Si quelqu'un pouvait nous en procurer une, ou par Lisbonne ou par des Jésuites portugais qui sont en Italie, il nous rendrait un grand service, mettant à côté le français ou le latin. Un catéchisme du Congo, tel qu'on l'enseigne au delà du Zaïre, nous serait encore plus utile.

Extrait d'un mémoire, où l'on expose les raisons de tenter de nouveau la Mission du Loango, en Afrique, et où l'on invite les fidèles à y contribuer de leurs prières et de leurs aumônes.

En 1765, Clément XIII donna à trois prêtres français tous les pouvoirs nécessaires pour établir une mission à la côte de Loango, depuis la ligne équinoxiale jusqu'au fleuve Zaïre, dont l'embouchure est par les six degrés de latitude méridionale. Ils s'y rendirent l'année suivante. Après un séjour de six mois, l'un d'eux mourut d'épuisement. Des maladies continuelles et le défaut de secours ôtant aux deux autres toute espérance de pouvoir apprendre la langue du pays, ils crurent devoir renoncer à leur entreprise au moins pour un temps. Deux ans ne s'étaient pas encore écoulés depuis leur arrivée à Loango, qu'ils s'embarquèrent pour repasser en France. Peu de temps après leur départ de Laongo, deux nouveaux missionnaires qu'ils avaient attendus depuis longtemps y arrivèrent; affligés de s'y voir seuls, ils attendirent de la divine Providence les secours qu'ils se promettaient de la connaissance des deux premiers, mais de fortes raisons les déterminèrent à se fixer dans le royaume de Kakongo, voisin de celui de Loango. Le roi du pays les reçut avec bonté; il leur fit donner un logement et des vivres. La plupart des habitants leur témoignèrent beaucoup d'estime et d'affection; quelques-uns même promirent de renoncer aux objets de leurs superstitions, si les missionnaires consentaient à demeurer parmi eux pour leur apprendre à connaître et à servir le vrai Dieu. Ceux-ci s'appliquèrent sans relâche et avec beaucoup de succès à apprendre la langue du pays, mais l'étude forcée qu'ils en firent altéra beaucoup la santé d'un d'eux, et au bout d'un an et demi, il fut contraint à son grand regret, d'abandonner la mission. Quatre mois après, son collègue se voyant seul fut obligé de prendre le même parti. Deux des quatre missionnaires revenus de Loango, d'après le conseil de plusieurs personnes prudentes et expérimentées ont formé le dessein de tenter de nouveau cette mission, à l'aide de quelques compagnons animés du zèle de la conversion des idolâtres et de la propogation de la foi. Entre les raisons qui appuient leur projet et sur lesquelles ils fondent leurs espérances, voici les principales :

Exemplum Epistolæ ab eminentissimo Cardinali Castelli, præfecto sacræ Congregationis de propaganda fide, ad Reverendum Dominum Josephum Descourvières, missionarium apostolicum regni Loango..... in quâ se novos missionarios missurum promittit.

Die, 27 martii 1771.

Reverendissime Domine, quæ ad Dominationem tuam scripsit R. Dominus Bellegarde de reditu vestro ad regnum Kakongo, ea etiam per suas litteras nuper Romam delatas nobis recta significavit.

Non dubito quin sacra Congregatio vestrum concilium sit probatura, sed ut omnia mature, prudenterque fiant, antequam aliquid hâc de re decernatur, ejusdem Domini Bellegarde, cui missionis regimen commissum est, reditum in Galliam expectandum esse censeo. Tum missionariorum numerus præfinietur qui minime deficient, cum nobis nunciatum sit quatuor alios sacerdotes qui se missionis socios adjungere cupiunt, promptos ac paratos esse. Quare necesse non est ut citra novos operarios colligere studeas : probe enim noveris nequaquam expedire posse, ut multi missionarii illùc una se conferant, antequam missionis stabilitati provisum fuerit. Hinc litteras Eminentissimo Bisuntino Archiepiscopo tradendas pro operariorum delectu nunc ad te mittere inutile prorsus judicavi. Quoad vero subsidium quod petis, satis confido sacram Congregationem vobis pro viribus suis minime defecturam. Verum cum tot missionum onus sustineat, etiam si petitioni vestræ annuendum existimet, ob ærarii sui angustias leve tantum adjumentum vobis afferre poterit. Hæc habeo quæ ad te rescribere, atque dum gaudeo te nunc optima frui valetudine Deum precor ut tibi fausta omnia concedat, meque tuis orationibus summopere commendo.

Dominationis tuæ studiosus,

Joseph Maria cardinalis Castelli, p[tus].

Lettre du Cardinal Castelli, préfet de la Sacrée Congrégation de la Propagande, aux Pères Bellegarde et Descourvières, des Missions étrangères, pour confirmer l'intention dans laquelle ils sont d'ouvrir de nouveau la Mission du Loango.

Révérends Messieurs,

Puisque, selon que vous affirmez, Messieurs, il paraît être arrivé le temps favorable d'ouvrir de nouveau, et d'exercer avec fruit la mission interrompue de Loango, cette Sacrée Congrégation n'a aucune difficulté de s'accorder dans le même sentiment avec vous et de seconder, de son côté, autant que possible, le zèle très digne et très louable qui vous enflamme pour le salut des âmes et pour la propagation de la foi catholique. Pourtant, ayant cru opportun, non seulement d'envoyer les lettres patentes aux nouveaux missionnaires indiqués, mais de renouveler aussi les autres qui existaient déjà, et particulièrement celle du préfet, à qui, de la même manière, on a confirmé, on expédie tout cela par cette occasion à Mgr le Nonce, afin que ce soit par lui-même consigné à chacun, et ainsi qu'il soit pourvu à la nécessité plus essentielle et urgente. La Sacrée Congrégation voudrait être à même de présenter à cette sainte entreprise, outre les secours spirituels, aussi quelques secours temporels, pour d'autant plus vous encourager, Messieurs, et vos compagnons missionnaires; mais les nécessités qui surviennent à la fois de toutes parts sont aussi nombreuses que, à la bonne volonté ne correspondent pas absolument les forces; de sorte qu'elle se trouve contrainte à en déposer la pensée jusqu'à circonstances meilleures. Sur ce tout, je reste en souhaitant de Dieu à vous, Messieurs, et à vos autres confrères, avec un prospère voyage, tous événements les plus heureux.

Au plaisir de vous, Messieurs.

Rome, 11 mars 1772.

Card. Castelli.

Copie d'une lettre de M. Bellegarde à M. Descouvières, dans laquelle il est question d'envoyer de nouveaux prêtres dans la Mission de Loango.

5 mars, ce 16 avril 1776.

Monsieur et très honoré Supérieur,

Je vous ai annoncé, il y a quelques jours, une lettre que j'ai reçue pour vous de la Sacrée Congrégation, avec une autre pour moi, sans pouvoir vous en dire sûrement la teneur; vous ne recevrez cette lettre qu'après celle-ci, étant enfermée dans un tabernacle que je vous envoie, c'est en attendant deux autres que je ferai le plus tôt possible. Je suis en état de vous envoyer la traduction de ces deux lettres écrites en italien, les voici :

TRADUCTION DE LA LETTRE ÉCRITE A M. DESCOURVIÈRES, PRÉFET APOSTOLIQUE DES MISSIONS DE LOANGO.

La Sacrée Congrégation a reçu avec beaucoup de joie le nouveau détail que vous lui avez fait, par votre dernière lettre du 18 septembre 1774, au sujet des progrès que vous et vos dignes confrères avez faits à l'avantage de notre sainte religion dans ces terres barbares. Vous nous indiquez ensuite le moyen de faire pénétrer dans le Congo un renfort de missionnaires capucins, pour ne pas laisser entièrement périr, faute d'ouvriers évangéliques, une mission qui florissait depuis si longtemps et qui compte plusieurs centaines de milliers d'âmes baptisées. Or, en conséquence de vos avis, j'écris à M. de Bellegarde et à M. Philippon, négociant à Nantes, afin qu'ils travaillent sérieusement à exécuter ce projet, puisque cette Sacrée Congrégation est disposée d'embrasser avec empressement toutes les occasions qui se présenteront pour conserver cette mission. Au surplus, lorsque vous aurez marqué que les choses sont telles à Loango, que l'espérance d'y rendre stable cette Mission soit plus assurée, on ne manquera pas d'en faire le rapport au Souverain Pontife Pie VI, que Dieu a donné tout récemment à son Église, et de lui demander la faculté de donner la confirmation à vos nouveaux baptisés, ainsi que vous l'avez requis. J'agréerai donc, de votre part et de celle de vos zélés confrères, la continuation de cette nouvelle mission. En attendant, je prie Dieu qu'il vous accorde toutes sortes de bien, à votre bon plaisir.

Signé : S. E. Cardinal CASTELLI; plus bas Stef° BORGIA, Seg^{to}, à Rome 22 mars 1775.

TRADUCTION DE LA LETTRE ÉCRITE A M. BELLEGARDE.

C'est avec la plus vive douleur que cette Sacrée Congrégation de la propagande a appris, par la lettre de M. Descourvières, datée de Kilonga, le 18 septembre 1774, et plus en détail encore par l'arrivée d'un missionnaire capucin des Missions du Congo, la triste situation de la religion dans ce vaste royaume, par le défaut d'ouvriers évangéliques. Les chrétiens, qu'on fait monter à plus de cent mille, y sônt désormais presque entièrement privés de tout secours. Animée du zèle de son saint Institut, elle désire préparer à ces enfants abandonnés de l'Église le secours le plus prompt et le plus expédient ; et puisque la voie du Portugal, qui serait peut-être la plus facile et la plus diligente, est fermée, elle s'est déterminée d'y envoyer un renfort de cinq ou six religieux capucins, et de les faire passer par les ports de France, et spécialement par celui de Nantes, duquel partent les embarcations pour les côtes d'Afrique. Aussi M. Descourvières pense-t-il que le secours requis arrivera sûrement, par cette voie, aux ports de Malemba ou de Cabenda, de l'un ou de l'autre desquels ils pourront ensuite entrer dans le Congo sans toucher aux terres portugaises. Ceci supposé, la Sacrée Congrégation, qui connaît assez le zèle dont vous êtes animé, désire d'apprendre, avant que de faire partir les nouveaux missionnaires, si la route qu'on vient d'indiquer est praticable, et si l'on pourra obtenir que ces religieux soient transportés par les navires français : comme aussi la manière de s'y prendre pour obtenir de la Cour les passe ports nécessaires, afin que je les requière. Marquez-moi encore les autres moyens qu'il faudra prendre pour faciliter l'embarcation de nos missionnaires, et à quoi pourra monter la dépense nécessaire pour le passage d'un chacun, et la saison pendant laquelle les navires partent pour la côte d'Afrique, afin qu'ils puissent se trouver à temps au lieu d'embarquement. Et marquez-moi enfin, pour perfectionner l'œuvre, s'il sera difficile, comme on le prévoit, aux capucins de se rendre dans le Congo, s'ils pourront se pourvoir dans les établissements portugais de vin et de farine pour la célébration de messe (par le défaut de quoi le missionnaire de retour a été nécessité de s'abtenir de célébrer le saint Sacrifice pendant près de deux ans). Aussi, l'on désire que vous indiquiez la manière d'y suppléer selon la grande importance de la chose, en écrivant comment on pourra y pourvoir facilement, et comment les missionnaires du Loango s'en pourvoient présentement. Il semble qu'on peut également rendre facile par la même voie le transport de ces denrées dans le Congo. Je serai reconnaissant de cette attention que j'attends de vous, et je vous le témoignerai en vous donnant les éclaircissements dont vous pourrez avoir besoin. Je prie Dieu de vous combler de tous biens. — Card. Castelli, Rome, 22 mars 1775.

Je réfléchis beaucoup sur la réponse que je dois faire au Cardinal, bien résolu de favoriser autant que je pourrai le passage des Capucins, la chose est d'assez grande conséquence pour la religion pour que je ne m'y épargne pas; mais il faut tâcher que cela ne nuise en rien, si cela se peut, à la bonne œuvre dont nous sommes spécialement chargés. Voici la solution de vos cas de conscience donnée par Mgr Dovilliers Ratotteau, en attendant quelque chose de plus authentique. . . . .

Je ne vous répéterai point ce que je vous ai marqué dans nos précédentes lettres, elles ne contiennent rien d'assez important, si ce n'est que je vous ai fait passer, dans une copie que j'ai trouvée par hasard dans les papiers de M. Chatelain, une permission de bénir les églises, sans savoir où est l'original.

J'embrasse mes chers confrères vos frères. J'ai l'honneur d'être avec beaucoup de respect,

Monsieur et très honoré Supérieur, votre très humble et très obéissant serviteur,

BELLEGARDE, *prêtre*.

Solutiones dubiorum
de limitibus missionis Guineæ et dioeceseos Angola.

6. — Se alla domanda fatta dall' abb. Libermann per la determinazione dei limiti della Guinea inferiore possa rispondersi che la missione delle Guinee si estende in tutti luoghi della Guinea inferiore, nei quali consti non aver giurisdizione il vescovo d'Angola et Congò?

Rep. ad Sextum — affirmative.

In Congregatione generali e Propaganda Fide habitâ die 22 septembris 1846.

AFRICA. CONGO. ANGOLA.

NOTE DES ARCHIVES DE LA SACRÉE CONGRÉGATION DE LA PROPAGANDE SUR L'ABANDON DE CETTE MISSION, 1855.

Eseguita essendo la partenza dei RR. PP. Capuccini, dalle missioni del Congo nell' Affrica, e ritrovandosi per conseguenza quei cattolici totalmente sprovisti di chi loro apprestasse gli ajuti spirituali, siccome aveano per lo dianzi ricevuto, trovassi che il rè del Congo inviò un suo dispaccio autorevole al Governatore Portoghese, in Angola, per ottenere che un sacerdote cattolico andasse à battezzare i suoi sudditi, al quale dispaccio reggio fedelmente corrispose il Governo con sua risposta formolata nei seguenti termini :

« Ricevei la vostra lettera del 26 Luglio 1855 con la maggiore soddisfazione per li buoni sentimenti che in Essa manifestate à tutti i rispetti. Li vostri figli stanno a partire e seco loro va anchè il R. Canon. Domenico Pereira da Silva Sardinha per adempiere i fini religiosi indicati nella vostra lettera. »

Tutto cio viene autorevolmente manifestato alla S. C. di Propaganda per mezzo di un dispaccio della segretaria di stato 30 novembre 1855, col quale si accusa e si transmette originalmente una Relazione di Mgr Nunzio Apostolico di Lisbona del 4 novembre 1855, nella quale, dopo essersi riferita la succennata dimanda promossa dal rè del Congo per la spedizione colà di un missionario, si propone come una futura misura acconcia a provvedere col tempo ai bisogni spirituali delle missioni africane nel Portogallo, l'inviarvi gli alunni dimoranti nel seminario di *Santarem* fatti venire da Angola per abilitarsi negli studj.

Nella fronte del suindicato dispaccio del Nunzio Apostolico, trovasi registrato quanto venne in proposito ordinato di sua Santità onde occorrere al provedimento sollecito di quelle abbandonate missioni del Congo nella Udienza solennissima che dicesi del Giorno 28 novembre 1855. Quantunque però non si rinvenga affatto registrata nelle udienze di quella data nè nelle posteriori. (Ciò però non sorprende essendo una udienza particolare avuta dall' Emo Segretario di stato, all'occasione del ricevimento del dispaccio del Nunzio apostolico di Portogallo); ed eccone i termini :

Ex audientiâ SSmi. 28 novembris 1855.

« S. Santità ha ordinato che si scriva novamente alla S. C. di Propaganda, interessandola a non lasciare nulla intentata per provvedere nel miglior modo ai bisogni spirituali di Angola. Se i cappuccini hanno ricusato, cerchi di mandarvi gli osservanti, i Riformati... »

Volendosi in oggi conoscere in sequela di questo ordine dato da sua Santità e conseguentemente manifestato dalla segretaria di stato alla Propaganda, quali siano state le misure ed i provvedimenti adottati dalla medesima sopra questo particolare, non si è mancato di svolgere accuratamente i diversi stri di archivio per soddisfare alla fatta richiesta; mà null'altro si è potuto conoscere se non che la S. C. di Propaganda, oltremodo apprezzando la ricevuta communicazione, si adoperò di rinvenire altri soggetti, i quali valessero a rimpiazzare lodevolmente il posto dei disertori Capuccini ed è perciò ch'Ella fra tutte le altre corporazioni prescegliendo gl'individui della Congregazione dei SS. Cuori in Napoli, indirizzò al Superiore D. Gaetano d'Enrico con lettera del 9 gennaio 1856 cosi expressa:

« I Capuccini aveano nei tempi scorsi una missione assai importante nel regno di Angola, e Congo; mà per le vicende di quei tempi, e specialmente del regno di Portogallo, la missione suddetta trovasi attualmente abbandonata. Il rè del Congo però ha, non ha guari, fatto premura per ottenere un qualche sacerdote, e Mgr Nunzio di Lisbona ha in conseguenza trattato alla S. Sede per riattivare l'antica missione in quel regno. »

« Siccome però ii R. P. Capuccini non sono al presente in grado di riassumerla, e d'altronde il bene, che sarebbesi a fare nel Congo sarebbe grande, e onninamente necessario a quella popolazione; cosi ho pensato di proporre una si bella opera alla Cong^{ne} cui presiede V. R. — Trattasi di un impresa di somma gloria di Dio, e degna perciò dello spirito di zelo che anima un nascente Istituto. »

« Invito per tanto la R. V. a riflettere sù questo affare avanti il Signore, e qualora creda che la sua Cong^{ne} sia in grado di accingersi all'opera, mi dia sollecitamente l'analoga communicazione, perchè possano avere luogo i passi all'uopo opportuni. »

Non tardò guari l'anzidetto Superiore di riscontrare la Propaganda in proposito, e con sua risposta alla medesima del 23 Gennaio 1856 cosi expressa:

« Risconstro alla sua veneratissima dè 5 Gennajo 1856, colla quale invita la nostra minima Congregazione ad intraprendere la missione del regno d'Angola, e Congo. Subito mi affrettai darne communicazione con una mia circolare à tutt'i nostri Collegii, affin di conoscere quei soggetti, a cui Gesù Cristo ispira il pensiero di adoperarsi ad un opera di tanta sua gloria e di tanto vantaggio per le anime.

« Mi attendo impertanto i respettivi riscontri onde decidere innanzi a Dio sè siamo in grado accingersi ad una si bella impresa.

« Stimerei però conoscere quanti Padri vi abbisognano per la missione in parola, se possa ancora partire qualche fratello laico per servire i Padri; quale lingua dovrebbero apparare. »

Sembrava assolutamente indispensabile che una futura communicazione epistolare fra il detto Superiore dei SS. Cuori e la S. C. di

Propaganda avesse dovuto avere luogo per concludere o almeno sconcludere l'iniziata trattativa, mà avendo diligentemente esaminate tutte le istanze fatte, non che le risposte della Propaganda negli anni posteriori 1856 e 1857, nulla si è potuto invenire analogo alla proposta fatta, per cui conviene concludere, che una siffatta trattativa rimanesse sul bel principio sopita, senza avere potuto in pari tempo conoscere ordine religioso (alquale), venisse la medesima missione affidata, o quale altro temporamento reputasse la S. C. di Prop. conveniente di adottare in proposito per supplire alla mancanza dei RR. PP. Capuccini nelle succennate missioni del Congo ed Angola.

Lettres de la Sacrée-Congrégation de la Propagande et du général des Capucins

ON LUI DEMANDE S'IL PEUT FOURNIR DES MISSIONNAIRES POUR LE CONGO.

Réponse négative.

20 aprile 1865.

P. Illustrissimo Generale dei Cappuccini.

M. S. Dalle relazioni, che, non è guari, si sono avute dalla Propaganda, si è veduto con dispiacere che la Missione di Congo trovasi in totale abbandono; e che vi è speranza di ricavarne un frutto, se voglia coltivarsi. Dai registri poi della stessa S. C. apparisce che dessa è affidata all' ordine, à cui meritamente presiede la P. V. R..., e che da oltre i 30 anni vi si sono ritirati i suoi religiosi. Prima quindi di prendere all'uopo alcuna determinazione, per non vederla piu a longo in stato si deplorabile, si vorrebbe conoscere, si il suo ordine trovisi in grado di riprenderla ed assisterla.

Dalla curia generale dei Cappuccini questo dei 31 luglio 1865.

Excellenza Reverendissima,

Il sottoscritto ministro generale dei Cappuccini dopo di aver pensato seriamente alla missione del Congo, di cui l'Excellenza Vostra gli teneva proposito con suo venerato officio del giugno scorso, e di aver tentato diverse combinazione, si trova nella dispiacente condizione di dover rinunziare definitivamente ad ogni speranza di poterla provvedere di un numero di soggetti che valga sostenerne successivamente il peso Egli si avvisa, che l'idea di mandare alcuni pochi individui in quei climi insalubri, senza che potesse averne in pronto degl'altri da surrogargli, e organizare una certa catena di spedizioni successive, sarebbe un sacrificarli senza che si ottenesse lo scopo. Se i tempi fossero migliori, o prestassero almeno una qualche lontana speranza di un migliore avvenire pel suo ordine, accetterebbe di buon grado l'esibita che gli si fa da cotesta Sagra Congregazione di una missione, che tanto onora il suo ordine, ma prendersi un impegno, che ha tutte le probabilità di non poter sostenere, oltre che non gli sembra prudente, crederebbe di tradire le giuste aspettazioni di cotesta Sagra Congregazione, cui forse non mancherà modo di provvedere con miglior resultato queste vaste regioni.

Dopo ciò lo scrivente ministro generale passa all'onore di ripetersi.

Dell' Eccellenza Vostra Reverendissima, umilissimo, devotissimo, obbmo servo,

F. Niceta, M. Gen. Capp.

Decretum Sacræ Congregationis de Propaganda Fide.

(LA MISSION DU CONGO EST CONFIÉE A LA CONGRÉGATION DU SAINT-ESPRIT ET DU SAINT-CŒUR DE MARIE.)

Sæculo XV labente, Evangelii lux gentibus effulsit quæ regnum Congi in regione Africanâ inhabitant; cumque Rex ipse in Ecclesiæ catholicæ sinum se recepisset, imploravit a sancta Sede ut episcopatus inibi institueretur. In urbe Sancti Salvatoris, quæ erat regni princeps, episcopalis sedes fuit collocata; sed vel quia ipse longè a mare abesset, vel quia difficiles ei forent cum Europeis commeatus, episcopi transferendam censuerunt suam residentiam in urbem dictam Sancti Pauli à Loanda, quam Lusitani Angolensibus regionibus bello subactis in littore ædificaverant. Religio in illas oras mirabiliter propagata est, favente Deo, ità ut deessent operarii, qui Domini vineam excolerent. Tunc Antistites præcipuas suas curas intenderunt in populis erudiendis, qui regiones Lusitano gubernio subditas incolebant; et gentes quæ erant in dicto Congi regno Sanctam Sedem adierunt petentes ut sibi pastores darentur. Anno 1640, Urbanus VIII, illarum votis annuens, decrevit eò mittendos ex Italiâ missionarios, qui sub immediatâ dependentiâ Sacræ Congregationis de Propaganda Fide gentibus iisdem evangelizarent; proindeque nova inibi missio erecta fuit, quæ fuit etiam Præfecturæ Apostolicæ titulo decorata, et concredita ordini Minorum S. Francisci Capuccinorum. Inter religiosos viros, qui ex eodem ordine in illas regiones missi sunt, alter electus et Præfecti apostolici titulo ac juribus auctus fuit. Ipsis verè agentibus, ac divinâ gratiâ cooperante, missio ita profecit ut longè latèque extenderit suos limites, et regiones etiam pervaserit Episcopi Angolensis jurisdictioni subjectas. Ad præcavendas quæstiones, quæ oriri poterant eumdem inter episcopum et præfatos missionarios, quæque missionis bono atque incremento nocuissent, nec non ad fovendam inter ipsos animarum concordiam ac spiritus unitatem, Sacra Congregatio instructionem dedit anno 1726, sub die 14 januarii; sed hisce non obstantibus, prædicta missio quæ uberrimos ab initio reddidit fructus, progressu temporis, vel quod missionariis præsertim italis lusitana nave conscendere non dabatur, vel quod in ipsâ lusitanâ ditione regulares ordines deleti sunt, vel ob alias gravissimas causas, remissa adeò est ut anno 1835 fuerit penitùs intermissa. Cum itaque spiritualibus quibusque subsidiis destituerentur fideles inibi commorantes, Rex ipse anno 1855 litteras dedit ad lusitanum gubernium, quod Angolæ erat, petens ut catholicus presbyter mitteretur ad suos filios, illosque baptizandos, qui post missionariorum discessum orti erant. Id quidem factum est; et prœtereà tum lusitanum gubernium, tum ipsa Sedes Apostolica de missione illâ instaurandâ cogitarunt, sed res confici haud potuit, deficientibus evangelicis operariis, quos inter alios etiam regulares ordines, et Congregationes presbyterorum sœcularium sacrum Consilium de Propagandâ fide, ut SS^mi D. N. jussa exequeretur, incassùm conquisivit.

Nuperrimè autem prœdicta missio oblata est Superiori Generali Congregationis nuncupatæ a Spiritu Sancto et ab Immaculato Corde B. M. V. cui finitima duarum Guinearum est demandata; idemque factæ oblationi respondens, missionem ipsam supplici libello exarato die 17 martii hujus anni expostulavit. Insperatam hanc petitionem acceptandam esse censuit præfatum propagandæ fidei consilium : sed antequàm suam sententiam panderet, ministrum Generalem S. Francisci Capuccinorum hâc de re certiorem reddidit, eumque categoricè interrogavit an in missionem illam, quæ ordini suo, ut suprà, credita erat, posset et vellet ipse religiosos viros mittere ejusque curam iterùm suscipere. Is verò, re maturè perpensâ, auditoque missionum Procuratore, respondit die 31 elapsi mensis Julii, ordinem suum ob adversas temporum vicissitudines spiritualibus illarum gentium indigentiis, ut par erat consulere non posse, et missionem ipsam renuntiare ut aliis missionariis ea detur excolenda. Quapropter laudatum S. Concilium decrevit supplicandum SS[mo] ut admissa renuntiatione a R[mo] P. Ministro Ordinis Cappuccinorum generali ut suprà exhibita, præfatæ Congregationi quæ ab Spiritu Sanctò et ab Immaculato Corde B. M. V. dicitur, missionem illam a Congi regno nuncupatam committere dignaretur sub immediatâ Sanctæ Sedis dependentiâ et præservatâ Angolensis præsulis jurisdictione juxtà memoratam instructionem diei 14 januarii anni 1726.

Quam sacri Concilii sententiam referente me infrascripto Cardinali Præfecto in audientiâ diei 10 augusti 1865, SSmus D. N. Pius P. P. IX in omnibus benigne approbavit, ac præsens decretum expedire jussit, contrariis quibuscumquæ non obstantibus.

Datum Romæ ex Ædibus S. C. de Propagandâ Fide die 9 septembris 1865.

Al. C. Barnabo, præf.
H. Capalti, secretarius.

Lettres de la Sacrée-Congrégation de la Propagande, communiquant le Décret précité au Supérieur général des Pères du Saint-Esprit et du Saint-Cœur de Marie, aux Capucins et au Nonce de Lisbonne.

Reverendissimo Signore,

La Missione del Congo dalla quale si sono ritirati i PP. Cappuccini, è stata affidata alla Sua Congregazione, come V. S. meglio vedrà dal' annesso Decreto, ferma restando l'istruzione dei 14 gennaro 1726, per cio che riguarda i rapporti dei novelli Missionarii col Vescovo di Angola.

Contemporaneamente ne vado ad avvisare lo stesso Vescovo ed il Nunzio Apostolico in Lisbona, affinchè la cosa proceda con piena regolarità, e non vi sia ritardo nella esecuzione del presente Decreto dalla S. C. di presto concesso. V. S. pertanto si compiaccia di presentarmi alcuni idonei soggetti per la carica di Prefetto Apostolico, e veda di sollecitare per quanto è possibile la partenza dei suoi religiosi per la mentovata Missione, la quale, come a Lei è ben noto, reclama un pronto soccorso. Potrà ancora, se lo crede espediente nella sua saviezza e prudenza, informarne l'Imperiale Governo, e richiederlo del suo appoggio, se sarà necessario, presso il Governo di Lisbona:

Tanto li doveva in replica alla sua dei 17 Marzo dell' anno corrente, e prego il Signore che le conceda ogni bene.

Roma, dalla Propaganda, 11 settembre 1865. Di V. S.

Afmo
Al. C. BARNABO.

Reverendissimo Sig. Abb. Schwindenhammer,
Sup[r] della Cong[ne] dello Spir. S[to] e S[o] Cuore di Maria, Parigi.

---

13 settembre 1865.

P. Illustrissimo Generale Dei Cappuccini.

M. S. Con ufficio dei 31 luglio ultimamente decorso la P. V. R. rassegnava a questa S. C. di Propaganda la Missione del Congo, osservando che il suo ordine non poteva assisterla a dovere, per cagione specialmente dei tempi che corrono ben difficili, e che non presentano speranza alcuna di un migliore avvenire. Questa sua rinunzia è stata accettata in vista dei motivi che l'hanno accompagnata, e però il lodato suo ordine resta esonerato del carico della rimembrata missione.

Dalla curia Generale dei Cappuccini, 23 settembre 1865.

Illustrissimo e Reverendissimo Monsignore,

Il sottoscritto Ministro Generale dei Cappuccini si reca a dovere di assecurare la Signoria Vostra Illustrissima et Reverendissima, di aver ricevuto il decreto di cotesta sacra Congregazione, in virtù del quale l'ordine dei Cappuccini resta esonerato della missione del Congo. Ringraziandola umilmente, ed ossequiandola con distintissima stima il sottoscritto è ben lieto di ripetersi a tutte prove.

Della Signoria Vostra Illustrissima et Reverendissima, il umilissimo, devotissimo, ossequantissimo servo,

F. NICETA, M. Generale Cap.

Illustrissimo e Reverendissimo Monsignore Mons. Annibale Capalti Segret. della S. Congregazione di Propaganda.

Eminenza Reverendissima,

Accluso al veneratissimo foglio di Vostra Eminenza Reverendissima del 12 del cadente N° 6, rinvenni la copia del decreto di cotesto Sagro Consesso, approvato dalla santità di Nostro Signore, relativo alla missione del Congo, non che la lettera diretta à Mgr Vescovo d'Angola. Mentre mi affretto assicurare l'Eminenza Vostra della pronta spedizione di questa col primo vapore, che partira il 5 del prossimo mese di ottobre per la costa d'Africa, non posso non ringraziarla della participazione datami della sacra, e zelante determinazione presa dalla Sagra Congregazione, cui si degnamente presiede l'Eminenza Vostra, riguardo al l'abbandonata missione del Congo, in altro tempo abbastanza prospera e quasi fiorente.

Può ben essere, che venendo a cognizione di questo governo, la misura possa promuovere qualche difficoltà sotto l'aspetto di preteso padronato, che si crede illimitato; ma d'altronde sono di parere, che i clamori, che mai si potessero elevare, non saranno di grande importanza, essendo ormai universalmente riconosciuto, che senza Missionarii, l'Africa portoghese non può prosperare, nè sotto l'aspetto religioso, nè sotto il rapporto civile.

Inclinato al bacio della sacra porpora ho l'onore di rassegnarmi con il più profondo ossequio e venerazione.

Di Vostra Eminenza Reverendissima, umilissimo, devotissimo, ossequiosissimo servitor vero

J. Arciv. di Sida N. Aplic.

Lisbona 26 settembre 1865

Nomination du supérieur général comme préfet apostolique du Congo.

Roma, 22 nov. 65.

Reverendissimo Signore

In replica al suo foglio dei 19 settembre, vengo à significarle che per parte di questa S. C. non v'è difficoltà di nominare V. S. ed il suo successore *pro tempore* Prefetto apostolico della missione del Congo testè affidata alla sua Congregatione, e che le farò tenere l'analogo Decreto, appena mi avra dato il nome del soggetto che ve la dovrà rappresentare con la qualificà di Vice-Prefetto.

Frattanto le compiego sei patenti in bianco per i novelli Missionarii, che vi dovrà spedire; però quando le avrà consegnate ai respettiv suoi religiosi, non dimentichi d'indicarmene i nomi per poter regolarizzare i registri di questa segretaria.

In tanto Le auguro dal Signore ogni bene.

Roma dalla Propaganda 25 novembre 1865. Di V. S.

Apmo
Al Card. Barnabo, Pref.

Sig. D. Ignazio Schwindenhamer,
Sup^e della Cong^ne dello Spirito S^to e S^o Cuore di Maria, Parigi.

Lettre du nonce de Lisbonne au T. R. P. Supérieur général. Applanissement des difficultés avec le gouvernement portugais.

Lisbonne, ce 18 janvier 1867.

Très Révérend Père,

J'espère que le R. P. Miel vous aura manifesté dans le temps le motif qui m'a obligé à différer jusqu'à présent la réponse à la lettre que vous avez bien voulu m'adresser sous la date du 10 novembre dernier. Maintenant je puis vous assurer que les difficultés soulevées, aux mois de février et mars dernier, par le gouvernement, au sujet des missionnaires envoyés par la Propagande à Congo, sont aplanies. Outre les difficultés créées par M. Lévy, député et avocat consultant de cette Légation française, le Gouvernement avait fait quelques remarques sur l'une ou l'autre phrase de rédaction de la « Concordia » de 1726, entre l'évêque d'Angola et les RR. PP. Capucins; mais les explications données par le Saint-Siège ont dissipé les doutes, et le Gouvernement se déclare parfaitement satisfait. Voilà ce que j'ai appris hier de la bouche de S. Ex. le Ministre des affaires étrangères.

N'ayant pas les données suffisantes pour satisfaire aux autres demandes contenues dans la lettre à laquelle je réponds, peut-être la Propagande pourra être à même d'y satisfaire.

J'ai l'honneur d'être, avec la plus parfaite estime,

Très Révérend Père, votre tout dévoué serviteur,

J. Archev. de Sida. N. Ap.

Copie authentique du contrat de vente de la vallée de Landana, par Peça, seigneur de Tonda, à la Mission catholique française.

Entre les missionnaires catholiques français de la Mission de Loango et Peça Matenda a été conclu le contrat suivant :

Peça Matenda cède en toute propriété aux dits Missionnaires toute la vallée située au sud des factoreries Assise et Pépé, suivant les limites tracées d'un commun accord, et cela à perpétuité, tant que la dite Mission voudra conserver ce terrain, sans toutefois pouvoir le céder à aucune autre société étrangère, sans que celle-ci ne soit obligée à payer de nouveau la Mocanda en usage dans le pays.

D'un autre côté, les dits Missionnaires s'engagent à payer au dit Peça Matenda, une fois pour toutes, à la charge toutefois pour ce dernier de s'arranger avec les autres indigènes qui prétendraient avoir quelques droits sur le dit terrain, et à leur payer la quote-part qu'ils pourront légitimement réclamer : 1° deux cents pièces du pays ; — 2° deux caisses de fusils ; — 3° deux barils d'eau-de-vie.

Fait en double à la maison française de Landana, le 19 septembre 1873.

Signé : Ch. Duparquet, *Vice-Préfet apost. du Congo.*

Je soussigné certifie que cette + a été faite, par le sus dit Matenda, gouverneur indigène du territoire de Landana en signature, pour acquiescement à cette convention.

Ch. de Rouvre,	E. Hergatz,
Agent de MM. J. Lasnier, Daumas, Lartègue et Ce, à Landana.	Agent de MM. J. Lasnier, Daumas, Lartègue et Ce, à Landana.

Certifié la présente copie conforme à l'original conservé aux archives de la Mission.

Ch. Duparquet.

Contrat d'acquisition du terrain de la mission à Mboma.

L'an du Seigneur mil huit cent soixante-seize, le onze juillet.

Entre les soussignés :

Antoine-Marie-Hippolyte Carrie, missionnaire apostolique de la Préfecture du Congo, résidant à Landana et agissant au nom et par procuration du R. P. Charles-Victor Aubert Duparquet, Vice-Préfet apostolique de la dite Préfecture, d'une part,

Et Nguidi Quiendo, ambassadeur reconnu et agissant au nom et par procuration certaine du roi Sangué qui, après délibérations publiques ayant eu lieu entre les différents rois compétiteurs du pays, à l'effet de savoir qui d'entre eux devait être le roi de la nouvelle maison, et avoir droit aux coutumes et impôts incombant à tout blanc venant s'établir dans le pays, a été reconnu comme ayant droit à être le roi de la dite nouvelle maison et à en percevoir les impôts, d'autre part,

a été conclu le contrat suivant :

Art. 1er. Le dit Sangué vend en toute propriété et pour toujours au R. P. Antoine-Marie-Hippolyte Carrie, qui accepte, un terrain de la contenance d'environ cinq hectares, situé à Mboma, et limité au nord par un coteau faisant face au dit terrain, au sud par le fleuve Congo, à l'est par la propriété anglaise Hatton et Cockson, à l'ouest par la propriété Benigno José Ferreira.

Art. 2. L'acquéreur aura droit d'étendre à son gré ses cultures dans toute la vallée Nord-Est attenante au dit terrain et cela sans aucune réclamation de la part des indigènes.

Art. 3. Le vendeur cède ce terrain pour la somme de vingt-cinq pièces d'étoffe, une dame-jeanne de tafia, un fusil et un baril de poudre, somme représentant les coutumes à payer une fois pour toutes par un blanc qui s'établit dans le pays.

Art. 4. Les impôts à payer par l'acquéreur seront les suivants : 1° au roi Sangué, une pièce de ley et un galon de tafia par mois ; — 2° au Linguister, deux cortades par mois ; — 3° au Comprador, deux cortades par mois ; — 4° à quatre moços, une cortade à chacun par mois.

Art. 5. Tout autre impôt ou droit de visite non mentionné ci-dessus ne sera point reconnu.

Fait en double à Mboma au jour et au mois ci-dessus indiqués.

P. Carrie.

Pour signature de l'ambassadeur : +.

Approuvé et reconnu la croix ci-dessus :

Agent, D. L. et Cᵉ : Signé J. Conquy.
Signé : Delcommune, agent, D. L. et Cᵉ.

Certifié la présente copie conforme à l'original conservé aux archives de la Mission à Landana,

Ch. Aubert Duparquet, *Vice-Préfet apost. du Congo.*

Traité de paix conclu entre M. le contre-amiral Ribourt, commandeur de la Légion d'honneur, commandant en chef de la division navale de l'Atlantique Sud, et le Ma-Tenda et les Cavalheiros Mopanga, Pingo, Poatilongo, Poloulamba, Poloumbongo, Chikango-Tati (de Buissa).

Article 1er. — Le Ma-Tenda se reconnaît coupable d'avoir toléré une attaque injustifiable contre le pavillon français arboré à bord du vapeur *Fanny*, et s'engage à empêcher le renouvellement de pareils faits contre tous navires ou embarcations portant pavillon français.

Art. 2. — Le Ma-Tenda reconnaît qu'il a été très coupable dans l'attaque de la Mission, contre laquelle il ne peut avoir aucun motif d'animosité; il en demande pardon au R. P. Vice-Préfet apostolique, et le prie d'être son interprète auprès de l'amiral, pour obtenir de lui oubli de cet attentat.

Art. 3. — Pour preuve de son désir sincère de vivre désormais en bonne intelligence avec la Mission, il donne par le présent traité les réparations et les garanties suivantes :

1°. Comme indemnité de frais de guerre subis par la Mission, il ajoute à la concession de terrain déjà faite à la Mission, celle de la vallée de la Fontaine qui est au sud de l'ancienne propriété Rodrigue ;

2° Il laisse au Supérieur de la Mission l'indépendance la plus complète pour l'administration intérieure de la Mission et de son personnel, sans que ni lui, ni aucun seigneur puisse s'ingérer en quoi que ce soit dans aucun des actes de son gouvernement;

3° Jamais, par motif de superstition, on n'imputera à la Mission les calamités publiques, telles que disette, sécheresse, petite vérole, etc.;

4° Jamais, sous aucun prétexte, le Ma-Tenda et ses sujets ne feront la guerre à la Mission, et ne la rendront solidaire des différends qu'ils pourraient avoir avec les autres Européens;

5° Dans le cas où le Ma-Tenda ou d'autres seigneurs penseraient avoir des motifs de plainte contre la Mission, ils tâcheront d'arranger les choses à l'amiable avec le Supérieur de la Mission, et, dans le cas où un accord ne pourrait avoir lieu, on prendra pour arbitre le commandant du premier navire de guerre français qui mouillera sur rade;

6° Lorsque le vice-préfet apostolique fera venir des religieuses d'Europe, elles seront considérées comme faisant partie intégrante de la Mission, etc., et, à ce titre, n'auront à payer ni coutume, ni cadeaux, ni aucune redevance que ce soit, au Ma-Tenda ou aux autres seigneurs;

7° Moyennant l'accomplissement des articles ci-dessus, la Mission s'engage de son côté :

I. — A ne jamais porter la guerre dans les villages environnants;

II. — A continuer à payer au roi et aux princes du pays les cadeaux suivants déjà accordés, et à l'exclusion de toutes autres exigences :

a Au roi du Cacongo : un gallon de tafia par mois.
b Au Mambouc : — —
c Au Matenda : — —
d Au Mafouc de Landana : — —

Art. 4. — Le Ma-Tenda s'engage à ne plus laisser jamais établir sur la rivière Chiloango aucun chiqueiro (barrage), ni permettre aucune agression contre les embarcations de commerce, et à exiger des princes qui lui sont subordonnés l'exécution stricte de cette clause.

Art. 5. — Le Ma-Tenda ne devra plus inquiéter la maison française Daumas, Lartigue et Ce, pour des coutumes à payer dans la rivière, coutumes payées une fois pour toutes le 1er décembre 1866, ainsi qu'il résulte de la moukanda, et dans le cas où il lui serait dû un reliquat, ce que nie M. Conquy, il reconnaît que la suppression des dites dettes n'est qu'une faible et juste compensation de l'insulte faite à la *Fanny* appartenant à la maison Daumas.

Art. 6. — Le Ma-Tenda livrera à l'amiral, comme garantie sérieuse du présent traité, des otages :

Six enfants de son village, plus un homme libre de son village (son fils), qui seront transportés au Gabon jusqu'à ce que l'amiral commandant en chef, reconnaissant la sincérité des actes du Ma-Tenda, daigne lui accorder gracieusement sa libération.

Art. 7. — La question d'intérêt pendante entre la maison française et Chikango-Tati, est réglée à l'amiable. Par conséquent il ne sera fait aucune réclamation par ce chef au sujet de cette question résolue, ni à la maison française, ni aux autres maisons. En outre, le Chikango-Tati s'engage à ne plus établir ni laisser établir sur son territoire des chiqueiros. Le Ma-Tenda se porte garant de l'exécution du présent article.

Art. 8. — Les autorités du pays se contentent d'une valeur de soixante pièces d'étoffe (cortades), une dame-jeanne de tafia, une caisse de genièvre pour la coutume que le Dr Lucan doit, suivant les usages, payer pour son installation à Landana.

Cette somme sera la seule qui pourra être exigée dorénavant de tout Français n'appartenant à aucune maison de commerce, et qui viendrait s'établir à Landana.

Art. 9. — Les garanties de sécurité accordées par le présent traité sont acquises également à tous les blancs, sans exception de nationalité.

Fait et conclu en neuf articles à Landana, le 10 août 1876.

Ont signé au présent traité :

Signature du : Ma-Tenda +
— Chikango-Tati +
— Mopanka +
— Pingo +
— Poatilongo +
— Poloumbongo +

Richard Cobden Philips, gérant en Chiloango de la maison Hatton Cookson.

P. Carrie, missionnaire apostolique.

Périco, linguister, maison hollandaise.

+ Linguister, maison française.

Charles Aubert Duparquet, Vice-Préfet apostolique du Congo.

Pape, gérant en chef de la maison hollandaise.

Joachin-José Dos Santos, représentant de Castro et Leitaô.

A. Conquy aîné, gérant de la maison Daumas, Lartigue et Cie.

Conformément aux instructions du contre-amiral commandant en chef :

Le commandant de la Vénus *et du corps expéditionnaire,*

A. Conrad.

Par ordre du commandant de *la Vénus* et du corps expéditionnaire :

Le lieutenant de vaisseau, aide-de-camp de l'amiral,

Peyrouton-Laffon de Ladébat.

Approuvé :

Le contre-amiral commandant en chef de la division navale de l'Atlantique Sud,

Ribourt.

Lettre de Son Ém. le Cardinal Simeoni, Préfet de la S. Propagande, au R. P. Duparquet, vice-Préfet apost. du Congo.

Illmo e Rmo Sigr,

Ho letto la relazione di cotesta Prefettura, ed ho con piacere rilevato dalla medesima lo stato fiorente della religione in coteste regioni, segnatamente per il numero dei diversi istituti che trovansi in Landana e nelle secondarie stazioni.

Ciò è per me una prova novella dello zelo con cui la S. V. e cotesti missionari si adoperano nel pastorale ministero, e nel tempo stesso un'assicurazione dei maggiori progessi che la missione verrà ad avere in seguito. Ne le tributo quindi i meritati elogi e prego il Signore che lungamente la conservi e la prosperi.

Roma, dalla Pñda, 27 Novbre 1878.

Di V. S.

Affmo,

Giovanni Card. Simeoni, Pref.

R. P. Duparquet, V. Prefo apo del Congo.

J. B. Agnozzi Segret.

Cession à la Mission du terrain de Saint-Antoine.

L'an du Seigneur mil huit cent soixante-dix-neuf, le 22 novembre,

Entre le R. P. Antoine-Marie-Hippolythe Carrie, Supérieur de la Mission de Landana, et Vice-Préfet apostolique du Congo, d'une part,

Et Nezika-Sieta; roi de l'Église, Don Joao Capita de l'Église, et les autres princes de la même peuplade, d'autre part,

A été conclu le présent contrat :

Les dits roi et princes de l'Église cèdent gratuitement en toute propriété et pour toujours, au dit R. P. Carrie, qui accepte, un terrain situé sur la rivière de Saint-Antoine, au comté de Sonho, aujourd'hui royaume de Saint-Antoine, en un lieu appelé Pinda, dans le but d'y établir une Mission. Ce terrain comprend tout d'abord les parcelles de terrain achetées, en 1876, par le R. P. Duparquet, alors Supérieur de la Mission de Landana et Vice-Préfet apostolique, et en second lieu, les nouvelles concessions ajoutées en ce jour par les dits roi et princes, et qui se limitent comme il suit :

A partir du port de Pinda, la limite suit sur la droite tout le long de la rivière jusqu'au petit port de Pinda ; de là se dirige en ligne droite sur le premier coteau, où se trouvent encore quelques constructions, faites en 1876 par le R. P. Duparquet, elle suit de là le sommet ou arête de ce coteau et monte sur le plateau de Saint-Antoine jusqu'à une distance d'environ 1000 mètres du port de Pinda ; de là, formant à peu près un angle droit, elle va aboutir à l'extrémité du dit plateau où commence la vallée appelée Lomba, et qui forme un peu plus bas le lit de la rivière de Saint-Antoine. Cette vallée, dans son entier, fait partie de la concession faite à la Mission, et limite de ce côté le dit terrain de la Mission.

Quant aux palmiers qui se trouvent sur le dit terrain, le R. P. Carrie s'est engagé à les payer un baril de tafia de la contenance de 25 gallons, prix accepté par les vendeurs. Mais ce prix ne sera payé que lorsque la Mission prendra possession de son terrain.

Les plantations qui s'y trouveraient alors seront respectées par les missionnaires ; mais une fois les récoltes faites, les indigènes ne pourront plus ensemencer ce terrain, qui, dès lors, ne sera plus cultivé que par la seule Mission.

En foi de quoi les partis ont signé le présent contrat à la Mission de Pinda, au jour et an ci-dessus indiqués

Signé : P. Carrie, *Sup. et V.-Préfet.*

Signature du Roi : +
— D. Joao : +
— Jaba : +
— Nenganga : +
— Sango : +
— Menga : +
— Miguel : +

Pour copie conforme :
P. Carrie.

DE FESTIS IN MISSIONE CONGI SERVANDIS.

Congregationis Sancti-Spiritus et Im. Cordis B. Mariæ Virginis.

Reverendissimus Dominus Ignatius Schmindenhammer, Superior Generalis Congregationis Sancti Spiritus et Immaculati Cordis Beatæ Mariæ Virginis, Missionis vulgo *Congo* Præfectus Apostolicus, a Sanctissimo Domino Nostro Leone Papa XIII supplicibus votis postulavit extensionem ad prædictam Missionem sequentium facultatum jam antea in perpetuum concessarum ceteris Missionibus Africæ, quarum cura prædictæ Congregationi commissa fuit, nempe ;

1° Servandi de præcepto sequentes tantum solemnitates ; id est, Nativitatis et Ascensionis Domini Nostri Jesu Christi ; Assumptionis Beatæ Mariæ Virginis ; Omnium Sanctorum.

2° Transferendi solemnitates Epiphaniæ, Corporis Christi, sanctorum Apostolurum Petri et Pauli, Dedicationis Ecclesiarum et Sanctorum Patronorum, ad Dominicas infra Octavas, quando hæc festa intra hebdomadam occurrunt, ita ut in his Dominicis liceat cantare Missam solemnem et Vesperas, ut in festo.

Sanctitas porro Sua, referente subscripto Sacrorum Rituum Congregationis Secretario, attentis expositis, in omnibus juxta preces annuere dignata est. Contrariis non obstantibus quibuscumque. Die 22 aprilis 1880.

D. Cardinalis Bartolinius, S. R. C. Præfectus.

Locco + sigilli.

Plac. Ralli, S. R. C. Secretarius.

Congo. — Pouvoir de confirmer. — P. Carrie.

Ex Audientia Sanctissimi die 23 januarii 1881.

Sanctissimus Dominus Noster Leo divina Providentia P. P. XIII, referente me infrascripto S. Congregationis Propaganda fide Secretario, R. P. Antonio Carrie Presbytero Congregationis Sancti Spiritus et Immaculati Cordis Mariæ, Vice-Præfecto Apostolico Præfecturæ Apostolicæ Congo in Africa Austro Occidentali, facultatem benigne Concessit administrandi Sacramentum Confirmationis intra limites memoratæ Præfecturæ, adhibito tamen oleo ab Episcopo catholico confecto, et ad normam instructionis editæ jussu S. Congregationis die 4 maii 1774 et hic insertæ.

Datum Romæ ex Aedibus S. Congregationis die et anno ut supra.

Gratis quocumque titulo.

Pour copie conforme à l'original :

Barillec, *Secrétaire Général.*

Lettre de Sa Sainteté
au P. Carrie, vice-préfet apostolique du Congo

LEO P. P. XIII

Dilecte Fili, salutem et Apostolicam Benedictionem.

Tuis litteris legendis quas die 25 elapsi Martii ad nos dedisti ita affecti fuimus, ut Apostolici Nostri Ministerii ratio, et tua filialis erga nos pietas ac observantia postulabat. Universo enim Dominico gregi regendo, ejusque incolumitati et incrementis curandis præpositi, peculiarem caritatis affectum experimur erga illos, qui remotis gentibus et civilis cultus exsortibus veræ fidei luce illustrandis se devoverunt, ac inter magnos versantur labores, ut errantes in tenebris in viam salutis valeant adducere. Ac eo magis erga illis paternæ dilectionis sensu movemur, quo magis videmus parem esse eximio eorum zelo reverentiam illam et obsequium, quo B. Petri Cathedram et supremum ejus magisterium prosequantur. Quapropter cum hoc egregio animo et voluntate Te esse, Dilecte Fili, ex tuis litteris perspexerimus, Teque plenum pietatis et fidei ad nos accedere, optimos sensus quos nobis declarasti perlibenter excepimus, et oculos ad misericordiarum Patrem extollentes ab Ipso imploravimus, ut te, cooperatores tuos, omnesque quos Christo lucri fecistis, suo præsidio adjuvet, ac opus vestrum sua gratia fecundet. Quod autem pertinet ad ea quæ ad nos de tuæ missionis statu retulisti, persuasum Tibi esse volumus, Dilecte Fili, maximæ nobis curæ esse ut omni qua possimus ratione, Christi regno late in terris propagando consulamus. Litteras propterea quæ a Te datæ sunt ad nostram Congregationem fidei propagandæ præpositam remisimus, ut quæ nobis exposuisti, eidem pro ratione procurationis ejus innotescant. Cæterum, Dilecte Fili, confortare in Domino et in potentia virtutis ejus, ac in eo campo quem nactus es, labora sicut bonus miles Christi, firmiter confidens Ejus opem et solatium Tibi pro gloria et nomine ejus certanti, non esse defuturum. Nos interea omnium cælestium gratiarum plenitudinem ab Ipso tum tibi, tum omnibus cooperatoribus tuis cunctisque Præfecturæ istius Fidelibus ex intimo corde adprecantes, Apostolicam Benedictionem in earum auspicium, et in pignus paternæ caritatis Nostræ, vobis singulis universis peramanter in Domino impertimus.

Datum Romæ apud S. Petrum die 11 junii, an. 1881, Pontificatus Nostri anno quarto.

Instructions pour les Pères Capucins, missionnaires du Congo et d'Angola

(TRADUCTION DE L'ITALIEN)

14 janvier 1726.

1° Les PP. Capucins missionnaires étant obligés de montrer aux Évêques les lettres patentes de la Sacrée Congrégation, afin d'obtenir leur consentement, avant de commencer l'exercice de leur saint ministère dans les missions qui leur sont confiées, comme on peut le juger d'après un décret de la Sacrée Congrégation, du 11 mai 1637, si les Évêques voulaient les examiner, avant qu'ils administrent les sacrements, en se fondant sur ce motif que dans ces patentes il n'y a pas ces mots *examinatus* et *approbatus*, qu'ils répondent à ces Évêques, que par cela même qu'ils ont été approuvés comme missionnaires, ils l'ont été implicitement pour l'administration des sacrements. Car la fonction de missionnaire pour laquelle ils ont été approuvés, consiste précisément dans la prédication de la parole divine et l'administration des sacrements. Que les préfets apostoliques se bornent à donner cette réponse; et qu'en toute occasion les uns et les autres observent bien l'humilité et le respect qui conviennent particulièrement à des religieux et à des ministres du saint Évangile à l'égard des évêques, en leur persuadant par les paroles et par les faits qu'ils ont été envoyés là par le Saint-Siége, non pour troubler leur juridiction, mais bien plutôt pour les aider et travailler avec eux au salut des âmes.

2° Si néanmoins les Évêques refusaient de donner leur consentement, les missionnaires et les préfets ne devraient pas pour cela éclater en menaces en disant qu'ils vont recourir au Saint-Siége, qu'ils ne reconnaissent pas d'autre supérieur que lui, qu'ils ne sont nullement tenus de dépendre des Évêques, que le consentement demandé et injustement refusé doit être considéré comme accordé, et autres choses de ce genre; qu'ils se permettent encore beaucoup moins de vouloir procéder contre les Évêques; mais plutôt, après avoir mûrement considéré et examiné la chose entre eux, afin d'agir avec la prudence et la discrétion nécessaires, que le préfet ou un autre de leurs supérieurs réguliers présents en ce lieu, entre en pourparlers avec l'Évêque, et s'efforce de le persuader; et ensuite les missionnaires suivront la règle de conduite, qui aura été tracée par le préfet ou autre supérieur régulier. Si, cependant, les Évêques persistaient dans leur refus, sans aucun motif légitime, les missionnaires pourraient, en pareil cas, exercer leurs fonctions, sauf à rendre compte de toutes choses à la Sacrée Congrégation, en justifiant qu'ils ont rempli auprès des Évêques toutes les clauses mentionnées ci-dessus.

3° Que ces mêmes missionnaires fassent bien attention qu'il ne leur est pas permis et qu'ils n'ont pas le pouvoir d'accorder des dispenses de mariage, ou d'absoudre des censures au for extérieur, dans les endroits où se trouvent les Évêques et où s'étendent leurs diocèses et leur juridiction.

4° Les missionnaires, en absolvant au for intérieur quelqu'un de ceux qui auraient encouru les censures réservées au Saint-Siége, ou auraient été déclarés liés par des censures de la part des Évêques, soit par sentence publique, soit par tout autre voie juridique, doivent avertir celui qu'ils ont absous, que tant qu'il n'aura pas reçu l'absolution de l'Évêque au for extérieur, il doit se considérer et se conduire comme n'étant absous en aucune manière, et que, par conséquent, il ne lui est point permis d'assister et de prendre part aux cérémonies de l'église, ni de recevoir les sacrements, etc.

5° Et encore n'est-il pas permis aux missionnaires d'absoudre au for intérieur, sur la simple demande de ceux qui auraient encouru l'excommunication; ils ne le peuvent que dans l'acte même de la confession sacramentelle, et à la condition que ces pénitents aient les dispositions exigées, et spécialement celle de satisfaire à la partie offensée, d'être prêts à obéir et à recourir à l'Évêque pour obtenir, aussitôt qu'il leur sera possible, l'absolution au for extérieur.

6° La Sacrée Congrégation ayant porté le décret suivant, en date du 6 mai 1638 : *Non posse missionnarios in regno Congi munia missionum exercere ad quinque leucas intra jurisdictionem parochorum absque expressa eorum licentia*, les missionnaires doivent observer exactement cette décision et s'abstenir de toute fonction appartenant aux curés, et spécialement d'assister aux mariages sans leur permission; ils peuvent seulement administrer les sacrements de pénitence et de baptême en cas de nécessité, et encore d'une manière privée et non solennelle.

Que si cependant les Évêques leur permettaient d'exercer les fonctions de curés, à une distance de trois lieues de la paroisse, pour le motif que les curés, à une distance aussi éloignée, ne peuvent subvenir aux besoins des âmes, ils pourraient le faire.

7° Si quelque prêtre était envoyé par l'Évêque ou venait de lui-même, ou encore feignait d'avoir été envoyé par l'Évêque, pour administrer les sacrements dans un lieu ou un pays où les missionnaires possèdent une église et ont le soin des âmes, ceux-ci, avec bienveillance et la charité qui est nécessaire et doit caractériser leur ministère, exhorteront cet ecclésiastique à quitter cet endroit, principalement s'il n'était point de mœurs irréprochables, ou si son concours ne leur était ni nécessaire ni utile, alors même qu'il serait de bonnes mœurs. Et, dans le cas où le prêtre ne voudrait point s'éloigner, sans entrer en discussion avec lui, les missionnaires en donneront avis à leur préfet, afin que celui-ci en parle à l'Évêque et l'amène à rappeler ce prêtre ou à suspendre les pouvoirs qu'il leur avait donnés, en faisant remarquer le préjudice que causent au service de Dieu et aux âmes une telle confusion de ministères, l'incapacité ou l'inconduite de ces prêtres, et qu'en outre, il n'est point juste que les missionnaires soient dépouillés de leur propre église sans un motif raisonnable, et que d'autres viennent troubler le soin des âmes dont eux-mêmes doivent rendre compte à Notre-Seigneur.

8° Si, au contraire, la population était trop nombreuse, ou si le pays où demeurent les missionnaires était trop étendu, et qu'ils ne puissent véritablement pas suffire pour administrer les sacrements à un aussi grand nombre d'âmes, dans ce cas qu'ils fassent la demande d'un plus grand nombre de missionnaires, eu égard aux besoins, de manière à empêcher que les Évêques ne permettent pas à des prêtres, souvent ignorants ou mauvais, de venir mettre le trouble dans la mission; et que les missionnaires, surtout les supérieurs, aient grand soin d'être toujours en bonnes relations avec les Évêques et de marcher d'accord avec eux.

9° Les missionnaires ne peuvent empêcher que les Évêques n'envoient des prêtres pour administrer les sacrements dans les églises qu'ils auraient abandonnées et délaissées, pour quelque motif que ce soit. Par conséquent, que les missionnaires soient avertis de ne délaisser aucune de leurs églises, sans une nécessité réelle et indispensable.

10° Bien que dans la suite les Évêques prétendent que leurs diocèses s'étendent à tous les pays dont on fera la conquête, on ne peut pour ce motif obliger les missionnaires qui s'y trouvent déjà introduit ou qui y sont allés exercer le saint ministère, à autre chose qu'à ce qui a été dit dans les articles précédents, et spécialement aux articles 2 et 6. Mais, comme il a été dit plus haut, si les Évêques venaient à leur faire opposition, que les missionnaires se gardent d'entrer en discussion avec eux au sujet de la juridiction, ou de leur faire aucune menace; mais qu'ils s'efforcent avec modestie et par les motifs du bien des âmes, de la propagation de la foi et autres semblables, de les gagner et de faire ainsi cesser leur opposition, leur faisant voir que, loin de mettre obstacle à l'accomplissement des grands devoirs de l'Évêque, ils ont, au contraire, pour but de lui venir en aide, et que, par conséquent, il devrait désirer lui-même leur assistance, pour suppléer au manque de prêtres aptes et sûrs. Que cependant les missionnaires ne laissent point d'exercer leur ministère, et qu'ils s'empressent d'avertir la Sacrée Congrégation, sans se permettre de discussions entre eux ou avec d'autres, et sans élever aucun conflit de juridiction, ce qui n'est d'aucun profit et peut faire beaucoup de mal.

Rome, Palais de la S. Congr. de la Propagande. 14 janvier 1726.

PARIS. — E. DE SOYE ET FILS, IMPRIMEURS, 5, PLACE DU PANTHÉON.

www.ingramcontent.com/pod-product-compliance
Ingram Content Group UK Ltd.
Pitfield, Milton Keynes, MK11 3LW, UK
UKHW021117230726
13926UKWH00002B/533